AF595225

DES

ELECTIONS MUNICIPALES

À

SAINT-ÉTIENNE EN 1865

I

Le 1er janvier de cette année, M. le Préfet de la Loire, en recevant les félicitations du corps municipal de Saint-Étienne, prononçait les paroles suivantes : « . . . Je compterai, Messieurs, toujours sur votre concours, et sur celui de votre Maire ; aussi, en lui adressant ici les remercîments de l'administration supérieure, je crois rendre l'expression des vœux de la cité. Oui, monsieur le Maire, vous êtes bien l'élu, le représentant accrédité de la population stéphanoise... »

Le même jour, M. Faure-Belon, recevant à l'Hôtel-de-Ville les visites officielles, répondait ainsi à ceux de ses administrés qui exprimaient le désir de voir continuer en sa personne le chef de l'administration municipale : « Vos souhaits me touchent profondément. Je ne me dissimule pas les difficultés à vaincre pour assurer, cette année de bonnes élections ; mais nous nous rencontrerons tous à l'œuvre, et j'espère que nos efforts réunis seront le gage d'un résultat si désirable... » (1)

En rapprochant cette double allocution, je crois rencontrer une

(1) Si les paroles ci-dessus rapportées, de M. le Maire et de M. le Préfet, ne sont pas textuelles, c'est du moins le sens que leur ont attribué des personnes dignes d'être écoutées. Néanmoins cette citation, bien que fort innocente, n'est reproduite que sous toutes réserves.

double méprise ; et si j'entreprends cet écrit, ce n'est point pour démontrer à ces hauts administrateurs leurs illusions, mais bien afin de rendre aux enfants d'un pays que j'aime quelques-unes des espérances qu'ils ne croyaient pas aussi prochaines.

Voici quelle sera, cette année, la signification finale des élections des 22 et 23 juillet, ou bien la confirmation et, dès lors, la continuation de la prépondérance administrative dont il nous a été donné d'apprécier les effets dans ces dernières années ; ou bien le retour aux franchises municipales, telles qu'elles étaient comprises autrefois, et sauf les seules modifications résultant des art. 2, 13, et 50 de la loi organique du 5 mai 1855. C'est-à-dire que, dans le premier cas, l'impulsion administrative continuera à venir d'en haut, ou, si vous aimez mieux, de l'influence préfectorale ; dans la seconde alternative, ce sont les citoyens qui géreront en quelque sorte leurs propres affaires, en se conformant aux lois existantes.

Le prochain vote doit confirmer l'un ou l'autre de ces résultats.

Mon projet étant de retrouver l'harmonieux équilibre de la liberté et de l'autorité, par la conciliation de la loi avec les idées radicales possibles, je ne me dissimulerai pas un certain péril de franchise en touchant à de si brûlantes matières, et si je pense tout ce que je dirai, on me pardonnera bien de ne pas dire tout ce que je pense.

J'éviterai, autant que faire se pourra, de m'attaquer aux personnes, ne m'en prenant qu'aux choses ; de citer des noms, alors que je veux ne citer que des faits ; de combattre les individualités, quand je n'ai d'autre intention que de combattre les systèmes ; en un mot, je m'efforcerai de n'émettre aucune pensée offensante pour personne. En ce qui concerne l'administration actuelle, je dirai mieux. M. Faure-Belon a été de son temps, il a administré suivant ses vues; ses vues étaient pour lui sa conscience; il a voulu ne relever que d'elle ; c'est honorable sans doute, ce n'est peut-être pas suffisant. Son administration, bien que critiquable d'après les aperçus qui vont suivre, n'a pas été sans mérite ; mais le scrutin fera bientôt la balance générale, et nous dira qui l'emporte de l'actif ou du passif.

Qu'il jouisse donc de sa renommé d'administrateur habile, et ici, je le confesse sincèrement, je regretterais de ressembler à cet Athénien qui, pour voter l'exil d'Aristide, n'avait d'autre raison que celle de se débarrasser d'un homme dont la réputation de justice l'incommodait.

Et, du reste, se fait-on l'idée exacte des écueils que rencontre le premier magistrat d'une ville de cent mille âmes ? Sans doute, cette haute position a tourné à la gloire de quelques-uns ; mais que de mécomptes, de déboires et de ruines, quand je consulte ce long martyrologe qui commence presque avec le siècle, pour se continuer, sauf de trop rares exceptions, jusqu'à l'honorable M. Quantin !

Puisque les devoirs municipaux sont rudes et dangereux, ceux des électeurs les rendront faciles, en les éclairant par la sincérité de leur vote, qui doit refléter le sentiment général. Car, en effet, n'est-ce pas l'incurie, l'indifférence ou la faiblesse des gouvernés, qui a constitué, à toutes les époques, l'autocratie au profit des gouvernants ? L'électeur doit donc s'en prendre à lui seul, quand il crée, par son abstention, un pouvoir qui se croit d'autant plus autorisé qu'il a été moins contesté. C'est ainsi que se forme l'ultra-césarisme de tous les âges, qu'il soit gouvernemental, administratif, économique ou révolutionnaire. Il commence par l'autocratie, il continue avec l'arbitraire, et il finit avec le désaffectionnement. Mais plus l'absolutisme vient de haut, moins il est lourd ; on dirait que sa puissance se tamise en arrivant jusqu'à nous, sans marquer les étapes intermédiaires ; en revanche, celui qui nous atteint directement est-il insupportable ; j'aurais toujours craint davantage d'être molesté par un garde-champêtre, que je n'aurais redouté d'être poursuivi par un procureur-général.

Je voudrais pouvoir indiquer une sage mesure, et à ceux qui objecteraient la répugnance d'entrer courtoisement en lice avec les privilégiés qui habitent les régions officielles, j'aurai l'honneur de répondre : « L'esprit de critique peut ne pas vous plaire, mais ce qui plaît encore moins, c'est l'esprit d'illusion systématique, et le parti pris de confiance docile ; aussi, ne parlez pas encore de liberté politique, vous qui ne comprenez même pas la liberté municipale. » (1) Mais ici la liberté politique n'a que faire ; vous

---

(1) Il ne faudrait pas faire de confusion entre ces trois choses : la liberté civile, la liberté civique et la liberté politique. La première, cela va sans dire, ne s'applique qu'aux libertés privées, depuis le libre échange jusqu'à la liberté des théâtres. Les deux autres ne font qu'une seule liberté publique, que l'on appelle : liberté politique. Cette dernière locution embrasse ordinairement les intérêts généraux, tels que la liberté de la presse, le droit de réunion, etc. Le mot de liberté civique ou municipale rend plus spécialement la pensée qui résume les besoins locaux, c'est pour cela que je l'emploie de préférence.

dites qu'elle est morte ; je crois qu'elle sommeille, et qu'elle retirera de cette léthargie de quatorze années des forces nouvelles. *Etiamsi mortua, vivit.*

Mais la liberté municipale, respire-t-elle encore?

Oui, elle apparaît dans les souvenirs des lois constitutives du 21 mars 1831, du 3 juillet 1848, du 7 juillet 1852; dans la loi non abrogée du 18 juillet 1837 ; elle apparaît dans les franchises encore debout de la loi du 5 mai 1855; elle apparaît enfin dans le mouvement électoral actuel, qui prouve que le peuple n'a pas abdiqué, et qui sera pour nous le petit rayon de soleil destiné à stimuler la foi civique et à réchauffer des espérances que l'indifférence ou le découragement semblaient dépasser.

C'est qu'en présence de ce réveil, notre indifférence serait encore plus coupable que jadis, surtout quand on jette un coup d'œil sur les devoirs du citoyen dans ses rapports avec la commune ; et ces devoirs sont nombreux.

Voici quels sont ceux attribués au conseil municipal : c'est d'abord le mode d'administration des biens communaux, le budget de la commune, les recettes et dépenses ordinaires et extraordinaires, les tarifs et règlements de perception de tous les revenus communaux, les acquisitions, aliénations et échanges des propriétés communales, la délimitation et le partage des biens indivis entre les communes, les projets de constructions nouvelles, l'ouverture des rues et places publiques, les projets d'alignement et de voirie municipale, l'acceptation des dons et legs faits à la commune et aux établissements communaux, les actions judiciaires, les transactions, etc.

En outre, le conseil municipal est toujours appelé à donner son avis : sur les circonscriptions relatives aux cultes, sur les projets d'alignement de grande voirie, sur l'acceptation des dons et legs faits aux établissements de charité et de bienfaisance, sur les autorisations d'acquérir, d'emprunter, d'aliéner, d'échanger, de plaider, de transiger, relatives à ces mêmes établissements, sur les budgets et les comptes des établissements de charité et de bienfaisance, sur les budgets et les comptes des fabriques.

De plus, le conseil municipal réclame, s'il y a lieu, contre le contingent assigné à la commune dans l'établissement des impôts de répartition. Il délibère sur les comptes présentés annuellement par le Maire. Il débat et arrête les comptes des receveurs de la commune. Enfin, le conseil municipal *peut exprimer son vœu sur tous les objets d'intérêt local.*

Tel est donc le mandat confié par chacun de nous aux membres qui composent le conseil municipal. De plus, c'est parmi eux que le gouvernement choisit d'ordinaire les membres de l'administration, bien qu'aux termes de l'art. 2 de la loi du 5 mai 1855, le maire et ses adjoints puissent être pris, à la rigueur, en dehors du conseil.

Mais, je le répète, il est d'usage que le gouvernement choisisse ses maires parmi les citoyens investis de la confiance du pays, et, du reste, il semble assez naturel, pour la bonne harmonie, que l'opinion des électeurs ne soit pas offensée par un choix discordant, et que les élus eux-mêmes rencontrent dans les magistrats municipaux de sympathiques rapports.

On comprend toutefois que, lorsqu'il s'agit de signaler, de désigner à l'attention générale un homme capable, modeste, peu connu, et recherchable néanmoins pour le bien de tous, le ministre déroge par exception, à l'expression du sentiment public, pour y substituer son initiative. Dans ce cas, qui est conforme à l'esprit de la loi, cette initiative peut devenir profitable à tous; mais il en serait tout différemment si, après une élection avortée, une administration était instituée, qui fût en désaccord permanent avec la majorité d'un conseil.

Et, à ce propos, je vais supposer pour quelques instants, un maire et ses adjoints évincés de la liste des élus; ou bien encore, je suppose que, prévoyant un naufrage, ils se soient personnellement abstenus, et que nonobstant cette tactique prudente, et qui devra être mise en pratique dans le doute, ils aient vu sombrer sous leurs yeux, sous leur protection, malgré leur influence, la liste préférée d'eux : je voudrais savoir quelle attitude une semblable situation leur donnerait? Je ne conteste pas le droit, entendons-nous bien, de les voir, malgré cela, replacés à la tête des affaires; je demande seulement comment pourrait marcher, dans ce cas, la machine administrative?

On tend à faire des maires les agents du pouvoir exécutif, parce que, dit-on, ils représentent le gouvernement bien plus ou autant que les intérêts communaux. Je prétends le contraire.

et j'en trouve la preuve, non dans l'art. 9, mais dans les art. 10, 11, 12, 13 et 16 de la loi du 18 juillet 1837.

Je crois que les véritables délégués du pouvoir dont s'agit sont les préfets et les sous-préfets, et que les maires sont bien plus les représentants de leurs concitoyens, et les défenseurs choisis des intérêts locaux ; dès lors, ne devraient-ils pas tenir leur pouvoir de ceux dont il est nécessaire qu'ils possèdent la confiance?

Eh bien! d'une part, cette importante délégation confiée à nos concitoyens résume toutes les franchises municipales ; à ce seul point de vue, la nécessité d'un vote sans abstention serait plus que démontrée.

En second lieu, le peuple désigne ainsi les seuls mandataires de son choix et présente, au sortir de l'urne, les plus dignes parmi eux, à l'investiture du chef de l'Etat.

Le souverain a le droit de ne pas entendre cette grande voix ; mais alors, si le vote ne réalise pas une affirmation absolue, il garde au moins une grave signification.

II

Dans l'ordre administratif, les préfets sont les représentants du gouvernement auprès des communes. Ils veillent à la police générale du département et à l'observation des lois. Ils remplissent en outre, à Saint-Etienne comme dans les centres de 40,000 âmes, les fonctions du préfet de police à Paris. Ils sont donc les intermédiaires de chaque jour entre l'autorité locale et le ministre. Ils représentent les volontés du gouvernement, au rebours du maire, qui représente, lui, les intérêts et les vœux de la commune ; mais comme les préfets sont puissants, leur influence est écrasante au regard des administrations locales, qui n'ont souvent pour défenseurs que la timidité de leur maire, susceptible lui-même d'être suspendu par son préfet, ou révoqué sur sa demande.

C'est donc pour établir un indispensable contre-poids, que les élections doivent emprunter à l'opinion radicale l'indépendance indispensable désormais pour contre-balancer les anciennes influences, et pour maintenir libres, intactes, sincères, ces franchises dont je parlais il y a quelques instants; car, en fin de compte, la décentralisation, dont on nous parle tous les jours, consiste à transférer aux élus d'un pays les pouvoirs qui étaient donnés aux agents du gouvernement par le gouvernement lui-même.

Ainsi, la composition du conseil doit refléter l'opinion de la commune, qui demande en grâce d'abord à ne plus vivre sous le régime du huis-clos.

Et ne vous étonnez pas que le peuple veuille savoir un peu ses affaires : c'est son droit primordial et même constitutif de pouvoir connaître, préférer, agir, et que ses facultés aient pour objet le bien-être, l'utile, le libre.

Voyons ce qu'a fait sur cette question l'édilité à Saint-Etienne.

Chaque jour on surprend ce grief unanime sur les lèvres de tout le monde : « Nous ne savons comment nous vivons. On ne nous fait rien connaître des décisions du conseil municipal. Autrefois les journaux en publiaient les délibérations. On y fait donc aujourd'hui des choses extraordinaires? »

Oh! pas le moins du monde. Ce que l'on y fait est bien ordinaire; et si vous le désirez, vous pouvez vous en convaincre, en prenant connaissance et copie même de toutes les délibérations, conformément à l'art. 22 de la loi du 5 mai 1855 (1).

Je comprends votre étonnement. Vous vous expliquez avec peine que, les registres étant de droit ouverts pour tout le monde, on ne publie pas tout net les délibérations.

Votre opinion ne trouvera pas de contradicteur, et si l'art. 29 de la loi du 18 juillet 1837 dispose qu'aucune délibération du conseil ne pourra être publiée qu'avec l'assentiment de l'autorité supérieure, je rencontre dans cette même loi de 1837 l'art. 24, qui autorise le conseil municipal à exprimer des vœux sur tous les objets d'intérêt local. Or, ce vœu est de ceux qui intéresseraient tout le monde, et ce vœu ne saurait être rejeté s'il partait compact de l'initiative du conseil. Je ne sais si notre conseil actuel l'a jamais exprimé; dans ce cas, on ne l'a jamais exaucé. Si, au contraire, il n'a pas fait entendre ce vœu, a-t-il rendu, oui ou non, la première pensée du pays?

Ce sera, dans tous les cas, le premier acte des nouveaux élus. Prenons-en note.

Puisque je viens de parler d'une publicité qui intéresserait au plus haut degré la population entière, et qui répondrait au sentiment universel, la question de la presse à Saint-Etienne se pré-

(1) Art. 22, parag. 5. — Tout habitant ou contribuable de la commune a droit de demander communication sans déplacement, et de prendre copie des délibérations du conseil municipal de sa commune.

sente naturellement sous ma plume, et je ne puis passer outre sans en dire un mot.

Voilà une liberté qui ne nous empêche pas de dormir pour le moment. Car je n'oserai pas appeler la publication du *Mémorial de la Loire* une presse suffisante et complète, pour une ville si considérable et d'opinions si diverses que la nôtre. Du reste, cette feuille est l'organe officiel de la localité, comme le *Moniteur* est l'organe officiel de l'Empire; cela explique qu'elle ne puisse décemment pas critiquer les actes de l'autorité.

Nous avions bien, il y a quelques mois encore, une feuille démocratique : le *Courrier de Saint-Etienne ;* mais pour tout esprit tant soit peu exercé aux petites habiletés de la science politique, il est évident que la disparition du *Courrier* n'a eu lieu qu'en vue du quiétisme de quelques cerveaux bouleversés. Je dis la disparition du *Courrier*, car ce n'est pas une suppression, puisqu'aucun décret ne l'a prononcée ; ce n'est pas non plus une vente, parce qu'une vente exige un consentement synnallagmatique : or, son rédacteur a protesté en sens contraire dans un article nécrologique de sa feuille expirante.

Je ne tiens pas à savoir le dernier mot de cette affaire ; ce que j'en connais me démontre que, pour le moment, les lutteurs de la pensée radicale, en province, loin de s'attendre à reposer sur un lit de roses, ne doivent pas hésiter à s'immoler sur la couche de Procuste.

Maintenant, quelle corrélation y a-t-il entre cette digression et les élections prochaines?

Voici. Il me semble que, lorsque les électeurs sont appelés à remplir l'un des plus grands actes de la vie publique, ils doivent, dans un pays aussi éclairé que la France, n'ignorer aucun de leurs droits ou de leurs devoirs. Qui donc, à Saint-Etienne, par exemple, a mission de les leur faire connaître? Est-ce l'affiche de l'Administration, l'insertion au *Mémorial*, ou la circulaire ministérielle du 28 juin? Cela ne me semble pas suffisant. Ils apprendront peut-être à distinguer s'ils vont faire un acte politique ou un acte de simple administration ; mais dans le cas où l'électeur voudrait user de ce droit pour faire une protestation politique, qui donc l'éclairera sur l'inanité du résultat auquel il tend? Qui lui apprendra encore que, au temps où nous vivons, des élections faites dans une gamme trop criarde seraient tout simplement nulles d'effet; et que, dans ce cas, nous serions appelés à vivre sous le bienfaisant régime des commissions, confor-formément à l'art. 13 de la loi du 5 mai.

Qui lui enseignera que le seul moyen de contre-balancer l'omnipotence de certains pouvoirs, c'est de confier les franchises de la commune, non à des hommes d'opposition quand même, mais à des mandataires qui sachent résister à propos ; en un mot, c'est de posséder la notion du temps, c'est de régler son choix sur la proportion de liberté que nous avons et de saisir la nuance d'une opinion radicale sagement comprise?

Eh bien ! ayez un conseil municipal ainsi composé, il représentera la pensée générale du pays ; le pays le suivra, et la presse aussi.

Je suis convaincu que, si vous faites des élections dans le sens de l'opinion libérale à l'ordre du jour, vous ne tarderez pas à voir surgir une administration qui s'inspirera de cette même origine.

Et si tout converge vers la liberté, croyez-vous que la presse sera la dernière ?

III

On a souvent comparé notre ville à une ruche ou de nombreux essaims de travailleurs font leur tâche de chaque jour.

Eh bien! sous le rapport administratif, on ne saurait mieux faire que de comparer tous ces travailleurs réunis à une société en participation destinée à protéger et faire valoir leurs droits de coparticipants au gouvernement commun. Le maire en est le gérant naturel ; le Conseil municipal devient en quelque sorte le conseil de surveillance, et les électeurs restent, bien entendu, les bailleurs de fonds.

Aussi ne trouvera-t-on pas indiscret que ces nombreux commanditaires veuillent voir un peu dans la caisse et dans le grand livre de la mairie.

La situation n'est pas brillante, mais elle n'est pas non plus désespérée.

Elle se solde par six millions cinq cent mille francs de dette.

Quant aux revenus, vous les connaissez : ce sont les recettes ordinaires et extraordinaires engagées jusqu'à l'année 1875.

Si je ne me trompe, voilà le bilan.

En retour, on ne saurait méconnaître que notre ville ait reçu des améliorations matérielles progressives que je constate avec bonheur. Mais je constate en même temps que notre budget, qui est actuellement de deux millions trois cent mille francs, n'était que de treize cent mille francs il y a dix ans, et de sept cent mille francs il y a vingt ans.

A la vérité, l'annexion des communes suburbaines remontant, quant à la fusion des intérêts, au 1er janvier 1856, a contribué à l'élévation du chiffre actuel.

Néanmoins, avec une pareille augmentation financière, qui constitue un assez bel accroissement d'impôts, on peut avoir des promenades, des pavés et de l'eau. Mais je manquerais à l'équité si je ne constatais que, en cette dernière partie notamment, il a été fait de grandes choses, indispensables il est vrai, mais du moins sérieuses et qui seront un jour une source de revenu pour notre ville. Reste à connaître si tout cela a été créé avec l'économie désirable et possible ; dans ce cas, je me hâte de le dire, ce sera là un droit incontestable de l'administration actuelle à la reconnaissance publique.

Continuons d'examiner le progrès imprimé à notre cité, depuis dix ans, par les améliorations et les embellissements.

Il y a d'abord la restauration de l'Hôtel-de-Ville, restauration de décadence, suivant moi ; car je suis loin de partager l'admiration de certains optimistes pour ce bloc de pierres, rapsodie perpétuelle, onéreuse, écrasée de formes, anti-artistique. Je résume mon opinion en disant qu'avant tous ces embellissements, le monument était laid ; maintenant il est ridicule.

Peut-être m'objectera-t-on que tout n'est pas terminé ; que les statues de l'*Industrie* et du *Commerce*, confiées au talent d'un compatriote justement apprécié, donneront un aspect plus complet à l'édifice ? Ne le croyez pas, ces statues, de même que les cariatides aériennes, ne feront que produire un contraste humiliant pour le reste, et ce n'est pas là, du moins, qu'il faut faire grand fond sur le couronnement de l'édifice.

Les jardins de Marengo ont été les bienvenus. Le premier essai dans ce genre a été heureux ; et dans leur simplicité, les squares qui ornent le côté d'*est* sont créés avec goût. Mais je ne saurais adresser à qui de droit le même éloge pour ceux établis en dernier lieu. Ceux-ci, en effet, sont trop compliqués et trop prétentieux ; l'espace n'autorisait pas une telle disposition. Au surplus, de semblables fantaisies ne s'harmonisent guère avec la majesté d'une ville. Avant dix ans, il faudra revenir à une simplicité de meilleur ton.

Le Palais des Arts, lui, a bien eu également ses vicissitudes. On connait sa première destination, sa marche géologique et descentionnelle, sa transformation. Toutes ces péripéties lui vaudront de l'indulgence. Il ne faut pas oublier non plus qu'il y avait une transaction à opérer avec les héritiers de M. Jovin-Bouchard, et qu'il fallait aboutir à cette double combinaison : accord avec les légataires, nécessité d'utiliser une ruine. De tout cela est résultée l'édification du Palais des Arts; c'est le cas de reconnaître que la lumière a jailli d'un choc discordant.

Mais ne reste-t-il plus rien à faire? Et, comme l'observait récemment un visiteur, on voit bien le palais, mais on ne voit guère les arts.

Ne pourrait-on pas encore donner à cet immense place qui le précède quelque agrément avec de l'eau et de la verdure? Vous me répondez que tout ne peut se faire à la fois. Très-bien, prenons-en acte pour l'avenir.

L'école de dessin, dans sa situation pittoresque, semble, au premier abord, à l'abri de la critique. Laissons de côté la question monumentale, pour nous en tenir à cette simple observation pratique que chacun fait : « L'école de dessin se trouve placée dans une partie de la ville d'un accès difficile; et l'on ne peut disconvenir que le trajet à faire soit trop long pour des élèves externes, et par conséquent destinés à le parcourir quatre fois par jour. »

Décidément, on n'a pas eu tort d'affecter quelque peu ce local au logement d'employés de la mairie.

Mais la fontaine monumentale qui a poussé dans les parterres du jardin a-t-elle bien sa raison d'être?

Il est vrai que nous n'en voyons que le côté disgracieux, inutile et budgétaire; attendons que l'architecte veuille bien nous montrer le reste.

Parlerai-je maintenant des améliorations dont l'initiative appartient au département, et sur lesquelles le conseil municipal n'a d'autre contrôle que par l'avis qu'il émet?

Il y aurait bien quelque chose à dire, ne fût-ce qu'au sujet du Palais de Justice.

Convenons que l'on aurait pu trouver une plus heureuse conbinaison : si, par exemple, on l'avait placé au delà du cours Saint-Paul, sur le même axe, à 150 mètres plus loin. Je connais l'objection : on a reculé devant une expropriation ; très-bien. Mais n'aurait-il pas été possible de prendre une combinaison moyenne, afin d'éviter cet aspect disgracieux, cet escalier impossible, ces aisances sacrifiées ?

Ainsi, en construisant ce palais à la place même du cours Saint-Paul, tout en laissant subsister une rue derrière, on aurait pu avoir une montée douce et élégante, un cours spacieux, un aspect moins écrasé du monument ; cela n'aurait pas coûté un centime de plus, et l'on aurait paré à bien des regrets.

Quand on voudra obtenir un jour ou l'autre, pour le Palais de Justice, les avantages que je signale, en expropriant le groupe de maisons qui s'étend jusqu'à la rue Mi-Carême, on reconnaîtra peut-être l'étendue de la faute commise.

Il est une observation dont j'ai été frappé plus d'une fois ; je vous la communique : « Vous vous plaignez que Saint-Etienne, une ville neuve, une ville tout américaine, n'ait pas encore reçu les améliorations qui sont à peine l'apanage des plus antiques cités. Vous voudriez que l'on songeât au luxe, à l'art, avant de vous donner le strict nécessaire. » Cet argument est sans réplique, et, si l'on ne nous donnait que le strict nécessaire, nous ne songerions pas à nous plaindre, mais, hélas ! on nous donne le superflu, et quel superflu ! Quand on ne peut arriver à immortaliser une époque dans les monuments que l'on élève, il faut au moins se garder de l'exposer à paraître inhabile devant l'avenir, par l'excentricité, le goût douteux ou le manque d'à-propos.

Examinons où nous en sommes actuellement de l'état intellectuel, littéraire et artistique à Saint-Etienne.

Je commence par le plus essentiel de tous : le développement de l'enseignement professionnel.

Il existe presque partout, mais notamment dans les grands centres manufacturiers, des cours destinés à préparer, à disposer les aptitudes aux professions spéciales et à faciliter ainsi un travail que la nature seule ne peut suppléer ; c'est la géographie commerciale, la cosmographie, l'arithmétique théorique, l'arpentage et le nivellement, le dessin linéaire, les éléments de physique et de chimie, la comptabilité commerciale ; j'en citerais bien d'autres.

Où donc l'ouvrier qui en a besoin peut-il apprendre ces choses-là ?

Et, pour ne parler que de nos voisins, il y a à Lyon dix cours de ce genre; il y en a un à Roanne.

Hors le cours de chimie, qu'y a-t-il à Saint-Etienne ?

Nous étions, paraît-il, destinés à voir se réaliser au milieu de nous le programme de M. Duruy, relatif à des cours publics. Une fois le mouvement donné, ces cours n'auraient pas manqué d'être suivis de lectures, de conférences ; mais, hélas ! on avait compté sans le *veto* du conseil municipal, qui s'est traduit par un refus d'allocation.

L'un des cours proposés aurait coûté, paraît-il, 1,600 francs à la ville; le Conseil a rejeté la proposition. Si c'est par rapport à la question de finances, il y avait bien de quoi faire reculer nos édiles; quandon a six millons cinq cent mille francs de dette, il faut savoir faire des économies sur quelque chose; mais si ce n'est pas la question financière qui a dicté sa détermination, pourrait-on nous expliquer comment, dans une ville aussi importante, et qui a autant de besoins d'instruction que Saint-Etienne, on ne répond pas à de telles aspirations, alors surtout que ces aspirations sont partout ailleurs satisfaites?

Quant aux beaux-arts, il y a lieu de faire une distinction.

L'art musical a reçu à Saint-Etienne le plus large et le plus fécond développement ; c'est un véritable progrès en ce genre. Chaque société musicale est taillée pour vivre longtemps; mais il faut dire qu'elles vivent toutes de leur propre vie, et c'est justement ce principe qui constitue leur force.

Mais l'art des sculpteurs, des architectes, des peintres, plus particulièrement placé sous l'égide de l'autorité, a-t-il reçu une impulsion analogue? Hélas, non ! A quoi cela tient-il? Nous avons pourtant un Palais des Arts, bien que nous ne possédions pas même un musée de peinture ; car je n'oserais jamais donner cette appellation au nombre si exigu de bons tableaux qu'il renferme.

Quant à la sculpture et à l'architecture, absence complète.

Si je me laissais aller à établir un parallèle entre Saint-Etienne et toutes les villes qui possèdent au moins un musée de peinture, on serait trop étonné de notre état d'infériorité relative. Je ne citerai qu'une ville voisine, Le Puy, dont le musée de peinture ferait notre juste orgueil.

Autrefois, l'un de MM. les adjoints était plus spécialement chargé des Beaux-Arts; cet adjoint s'est démis depuis deux ou trois ans. Qui donc l'a remplacé?

D'où vient encore que Saint-Etienne ne soit jamais appelé à prendre part aux distributions périodiques faites par le ministre des Beaux-Arts aux musées des villes qui en font la demande?

Il y a quelques années, la société des Amis des Arts avait donné un généreux élan; mais, il faut le dire avec regret, elle a dû compter trop souvent avec ceux qui devaient être ses soutiens naturels, et la ville, pour sa part, n'aura pas grevé le budget en sa faveur. Pendant sa période active, cette société n'a reçu qu'une pauvre subvention de mille francs, et encore l'a-t-elle due à la générosité du Conseil général.

Constatons pour tout dire, que si elle n'a pas reçu un centime de la ville, elle n'en a pas moins laissé à son musée de précieux souvenirs (1).

Tout cela soit dit sans aucun reproche, mais du moins pour l'honneur de cette société.

L'école de dessin appelle des réformes. Le but de l'enseignement actuel ne doit pas être de faire des artistes, mais d'inspirer le goût et de donner la facilité possible aux élèves d'utiliser leurs connaissances spéciales, en les appliquant soit à l'arquebuserie, soit au dessin de fabrique. Un cours de dessin linéaire, d'architecture et de géométrie appliqué à l'industrie est indispensable. Ce cours devant faire partie tôt ou tard de l'enseignement actuel, on pourrait parer de suite à ce besoin urgent, sans créer de nouvelles charges pour la ville, en confiant cet enseignement à l'un des professeurs actuels.

Puisque je viens de parler du professorat, qu'il me soit permis

---

(1) Ce sont les quatre ou cinq bons tableaux qui, à eux seuls, constituent présentement à peu près toute sa richesse.

de placer à cette occasion la théorie du concours applicable à tous les corps enseignants.

Parcourez, en effet, toute la hiérarchie enseignante, vous trouverez que l'instituteur primaire obtient son brevet, comme le professeur de belles-lettres obtient son diplôme, par l'examen public, autrement dit, par le concours.

Dans presque toutes les grandes villes, le concours est appliqué à l'enseignement industriel. Le majorat, l'internat dans les hôpitaux, sont presque partout donnés au concours; le Conservatoire désigne ses professeurs. Ceux de l'Ecole des Beaux-Arts, à Paris, sont nommés, un tiers par le ministre, deux tiers à l'élection.

C'est que, en somme, que l'élection procède d'une agrégation de professeurs, d'un jury spécial, ou d'un collége électoral quelconque, ce sont les lumières de plusieurs substituées à la volonté d'un seul et, par cela même, moins susceptibles de s'égarer.

Loin de moi la pensée de blâmer le choix fait des professeurs actuels. Je ne parle que pour l'avenir.

Je n'entends pas non plus porter atteinte, même indirectement, aux prérogatives de l'autorité. Je pense, au contraire, que l'initiative devrait partir d'elle, et si ses priviléges pouvaient s'en trouver légèrement atteints, elle dépouillerait du moins de grands embarras, et rehausserait son prestige de toute la popularité de cette mesure.

IV

On vient de voir, par l'exposé sommaire ci-dessus, quelle est à peu près notre situation présente.

Nous avons rapidement passé en revue la question de publicité, indispensable désormais aux délibérations du conseil, la question de la presse à Saint-Etienne, la position financière, la question des embellissements et des améliorations, le mouvement intellectuel et artistique, la nécessité des réformes les plus urgentes.

Je ne mentionnerai qu'avec tristesse la situation appauvrie d'une industrie qui fait notre gloire. Je crois que ses longues épreuves lui seront un baptême nouveau de vigueur et de force, et que bientôt apparaîtront pour elle des horizons moins sombres, voire même des jours plus heureux. Cet état passager, en effet, touche à sa fin, car il en est des industries comme des nations : elles se régénèrent par le malheur, et se relèvent un jour ou l'autre.

Maintenant, si vous désirez, vous aussi, des réformes, si vous partagez nos libres aspirations, si vous pensez que les théories ci-dessus puissent remplacer avec fruit certains errements du passé, si vous reconnaissez que, même en faisant passablement, on aurait pu faire mieux encore, prêtez-nous avec vos voix le tribut de vos lumières, car, en faisant appel à la vie publique, nous entendons faire appel à la vie intelligente et raisonnable.

Eh bien ! dans cette grande cité, pleine de mouvement, de richesses, et surtout d'espérance, disons-le, depuis longtemps nous n'avons pris part au mouvement administratif, ni selon nos besoins ni selon nos forces. Nous nous en sommes rapportés, pour ne rien dire de plus.

On a rejeté cette situation inférieure sur l'apathie, sur le découragement, sur les préoccupations matérielles, sur l'indifférence, peut-être. Faites la part de chaque chose.

Je sais bien qu'il y a au milieu de nous de bonnes et de fâcheuses tendances, et que s'il fallait entendre tout le monde, et régler la marche générale sur les idées de chacun, on arriverait vite à la confusion des langues. Mais la grande voix de l'opinion publique est permanente, et le plus heureux privilége de nos édiles serait de l'écouter quelquefois.

Ainsi, selon la manière dont on dirigera notre ville, on obtiendra d'elle rien ou beaucoup; ce sera sa grandeur ou sa décadence, et on peut lui appliquer ce qu'Homère disait de l'Egypte: qu'à raison de la richesse de son territoire, elle est fertile en bons et en mauvais fruits. Le sol est aujourd'hui prêt à recevoir une semence généreuse et féconde; c'est ce que j'appellerai l'application pratique de l'idée radicale.

Oui, il est nécessaire d'étendre maintenant le radicalisme à la vie civique, comme on tend à l'appliquer à la vie politique

C'est dire que le pays veut s'administrer lui-même, faire ses élections lui-seul, résister à certaines influences qu'il croit en opposition avec ses intérêts, et faire disparaître cet éternel sophisme: que le peuple français, en toutes choses, a besoin d'une main de fer.

Aujourd'hui, la solidarité des devoirs politiques, doit assurer la solidarité des libertés gouvernementales, de même que la solidarité libérale des gouvernements peut seule assurer l'affection des peuples

Nous n'en demandons pas plus dans l'ordre civique que dans l'ordre politique, et l'administration qui, à son tour, s'inspirerait de cette maxime serait, à bon droit, bénie.

Or, c'est la vie constitutionnelle et parlementaire qu'il s'agit de rendre aux conseils municipaux dans l'élection prochaine, non parce que la loi aura changé, mais parce que vous allez imposer de nouveaux cahiers à vos mandataires.

Quels vont être ces mandataires ?

Il est une objection que l'on prodigue à tort et à travers, je vous la soumets : « Vous nous parlez bien à l'aise de changer un conseil municipal, de changer une administration ; nous voudrions bien savoir qui vous mettriez à la place? » Le reproche me semble injurieux pour une ville; mais, en ce qui concerne les conseils municipaux, il faut reconnaître qu'ils ont été changés tous les cinq ans, depuis la promulgation des lois spéciales; les choses n'ont pas marché plus mal pour cela.

Quant à l'administration, la mesure ne regarde les électeurs qu'indirectement, puisque le gouvernement peut y pourvoir, même en dehors des élus; mais il y a vingt-cinq ans que j'entends faire cette question : « Qui mettra-t-on à la place? » et il y a vingt-cinq ans que je vois les administrations disparaître chacune à son heure, se succéder, et le plus souvent à la grande satisfaction publique. Je ne vois donc pas, à moins que nous ne nous considérions actuellement à l'apogée du bonheur, pourquoi les choses ne se perpétueraient pas ainsi.

On assure que la liberté municipale ne pourra s'établir que par l'élection d'hommes nouveaux, indépendants, modérés, parmi lesquels, espérons-le, l'administration entière sera choisie.

Et quand je dis de l'espérer, c'est qu'il me revient en mémoire les paroles de M. Rouher déclarant, en face du Corps législatif, que *les maires seront le plus possible* choisis dans les conseils municipaux; mais qu'il ne peut fermer les yeux sur les *exceptions possibles*, les accidents, les nécessités topographiques, les circonstances religieuses qui peuvent modifier les résolutions du gouvernement à cet égard.

Souhaitons de ne pas être compris dans le *cas exceptionnel*, et que le *cas exceptionnel* ne redevienne plus la règle.

Nous avons encore, pour confirmer notre attente, la circulaire du 28 juin par laquelle M. le ministre de l'intérieur promet, en quelque sorte, de respecter ce pacte de famille. Puisse-t-elle être aussi large dans l'application qu'elle paraît libérale dans la lettre!

J'accepte donc les condidatures indépendantes et modérées; quant aux hommes nouveaux, permettez-moi une très-légère restriction. Ma conviction est que la presque intégralité du conseil actuel doit être changée; mais je ne saurais ériger cette nécessité en doctrine, parce qu'elle est exclusive et non radicale, parce qu'elle pourrait être injuste en fait et qu'elle blesserait dès lors le principe d'égalité devant la loi.

Résumez-vous en appelant au conseil des citoyens tout à la fois indépendants, éclairés, ayant racine dans le pays, et ne faites peser votre exclusivisme que sur les incapacités, sur les conversions illustres et sur les ambitions trop effrontées.

Pour la première catégorie, je distingue : les incapables-nés, c'est-à-dire les butte-roues sempiternels qui n'auraient d'autre mérite que le bénéfice d'une tradition de quartier ou de coterie, qui s'obstinerait à les maintenir sur telle ou telle liste. C'est ce qu'on appelle vulgairement les machines à voter.

Les incapables de la seconde catégorie sont ceux dont l'incapacité relève non de la personne, ni du mérite, mais de leur situation particulière vis-à-vis de l'administration, tels que certains employés salariés, les personnes intéressées dans une société quelconque qui aurait elle-même des rapports avec l'autorité. Assurément on ne peut exprimer en fait le moindre doute au sujet de l'honorabilité des personnes qui pourraient se trouver dans ce cas ; mais il ne faut pas que le soupçon puisse naître jamais : il ne suffit pas d'être honorable, il faut encore le paraître.

Quant aux conversions illustres, est-il besoin de les signaler, alors que la réprobation universelle les frappe d'avance. Non ; mais expliquons-nous bien. Je ne reproche pas aux citoyens leurs opinions : les opinions sont, comme les religions, dignes du respect des dissidents. Ce que je réprouve, ce sont les hommes qui, après avoir cassé l'encensoir sur le front de la démocratie, se retournent tout à coup vers le pouvoir. Ils m'inspirent le même dégoût que m'inspirerait un fonctionnaire comblé des faveurs du souverain et qui le trahirait à l'occasion.

Ce sont de tels hommes qui font la nuit autour d'eux. Aussi vous les laisserez dans l'ombre, car leur présence ferait honte au parti de la liberté.

La Bruyère nous a bien légué le type des ambitieux de bas étage, des parvenus de la veille ; et ses caractères généralisés atteignent encore quelques ridicules de notre temps. Mais La Bruyère n'a pas connu la puissance du suffrage universel, non plus que les individualités susceptibles de flatter les plus sottes passions, quittes à renier leur passé, s'ils donnent satisfaction à l'orgueil et s'ils assurent leur avenir.

Pour le coup, La Bruyère n'aurait pas hésité à prendre le fouet de Juvénal.

Je ne chercherai pas à imiter de tels maîtres; mais passez-moi un instant la baguette de Colombine, pour vous montrer ces équilibristes de haute école.

C'est Léandre, le satisfait ; Léandre, qui avait nagé en pleines eaux avec ces hommes qu'une voix accréditée qualifiait naguère d'incorrigibles enfants de 93, et que j'appellerai, moi, les fils dégénérés de 89, préférant aux souvenirs lugubres les dates sublimes. Léandre est de ceux qui n'ont rien appris, mais qui ont tout oublié. Aussi avait-il été en 1848 un démagogue des plus cramoisis, ne comprenant pas que la société pût exister, peuplée comme elle l'était de capitalistes, de propriétaires et de redevanciers; mais depuis qu'il a fait fortune, son intelligence a pris l'essor, et aujourd'hui il traite tout comme un autre la grosse question des élections municipales ; il dresse sa liste et frappe d'ostracisme, bien entendu, tous ces libérâtres brouillons qui ne savent ce qu'ils cherchent, qui ont fait naître et mourir toutes les révolutions et qui ne veulent, en somme, que tendre des embûches au pouvoir.

C'est Alceste, un vrai satrape, qui n'a plus qu'une seule ambition, celle de la popularité. Pour l'obtenir, il est décidé à sacrifier une portion de son superflu; mais, comme il a de grandes traditions à soutenir, il ne peut décemment pas se laisser balloter sur une simple liste de conseillers; il veut enlever d'un bond le rameau d'or à la Sybille. Cependant il attendra encore, et, pour cette année, il fera grâce à l'administration, parce que, dit-il, la poire n'est pas mûre; je crois plutôt que la place n'est pas prête.

Enfin, c'est Cléonte, l'ami de tout le monde, qui a toujours un pied dans les deux camps, parce qu'il est persuadé qu'en n'étant ni chien ni loup, on réussit, à la longue, à devenir un personnage; aussi, tout en sollicitant la candidature qui a la préférence du pouvoir, demande-t-il une toute petite place sur la liste de l'opposition.

Puis Turcaret, ce foudre de guerre, surnommé le grand électeur, attendu que son influence rayonne de près comme de loin. Son zèle patriotique lui ôte même le temps de penser; c'est peut-être pour cela qu'il professe un assez joli petit dédain pour ces champions des causes les plus avouables, mais qui, finalement, critiquent tout, sans jamais trouver de solution à rien, qui tâtonnent, hésitent, et ont même quelquefois assez peu de courage pour ne pas se fourrer tout net dans la gueule du loup.

Combien d'autres encore je pourrais peindre, qui trouvent aussi que nos innombrables libertés civiles sont la chose nouvelle, ou pour mieux dire *le droit nouveau*, tandis que la liberté politique n'est que la chose ancienne et usée, et qui sacrifieraient sans pudeur ses oripeaux vieillis à l'appât de quelques honneurs! Mais tirons le rideau.

Assurément, de tels types sont tracés d'imagination, et j'aime à penser qu'ils n'existeront jamais autrement; mais mon but, qui consiste à tourner l'écueil, sera heureusement atteint, si, en mettant en scène ces ridicules vanités, je parviens à établir la nécessité d'éloigner toutes les ambitions qui n'ont pas au moins le mérite de la modestie; et je n'en excepte pas celles qui se greffent sur la fortune, sans l'abnégation; sur les faveurs des coteries, sans la satisfaction de la conscience publique; sur la popularité même, sans la moindre parcelle de vertu civique.

V

Nous venons de signaler les différents chefs d'exclusion qui seuls doivent atteindre des citoyens vivant au contact du suffrage universel.

Cela nous amène naturellement à l'examen des candidatures ouvrières, pour qui la tolérance n'a pas été irréprochable jusqu'à ce jour.

Si je parle de candidatures ouvrières, ce n'est pas que je reconnaisse des castes ou des distinctions : non, il n'y a devant la loi et le pays que des citoyens ; mais il y a des citoyens qui sont ouvriers, comme il y en a qui sont ministres ; or, je parle en ce moment des citoyens ouvriers.

Et, à ce propos, je n'hésite pas à dire que l'inadmission, en dernier lieu, de ces candidatures au Corps législatif a été une mesure raisonnée, non parce qu'elle éloignait une classe d'individus, mais parce que l'opposition, à ce moment, devait concentrer toutes ses forces sur les candidats qui avaient le plus donné de gages à la liberté ; car, avec le petit nombre de fidèles qu'elle compte au Palais-Bourbon, chaque place lui appartenant est, en quelque sorte, un poste de combat dont elle ne peut disposer que pour y mettre des canons rayés.

Ma façon de raisonner se confirme donc logiquement, en demandant qu'il soit fait à l'ouvrier la place qui lui revient dans le conseil de la cité, où ses intérêts s'harmonisent intimement avec ses droits.

C'est que là, en effet, et là seulement, il est en contact direct et permanent avec l'autorité qui le régit : il doit pouvoir la discuter ;

il prend la plus grande part aux contributions indirectes : il doit pouvoir contrôler les dépenses ; il fournit à l'élection le plus grand nombre de suffrages : il doit, dans une certaine proportion, faire partie des élus.

Et, en vérité, de quels éléments sont formés en France l'immense majorité des conseils municipaux? Je prétends que, sur 37,000 conseils, il y en a 35,000 qui se composent exclusivement de fermiers, d'ouvriers et de petits propriétaires; serait-il juste d'exclure l'ouvrier, ou de ne pas l'appeler dans une ville dont il a contribué, pour sa quote-part, à faire la renommée et la richesse?

Au surplus, raisonnons par analogie et prenons, comme point de comparaison, l'administration judiciaire.

Dans cette dernière, les tribunaux de commerce, par exemple, sont élus exclusivement par les commerçants notables ; cela n'est peut-être pas parfait; je trouverais mieux qu'ils fussent élus par tous les commerçants; mais prenons la loi telle qu'elle est, et, dans ce cas, je rencontre sa raison d'être dans cette définition : que ces tribunaux sont appelés à connaître des contestations commerciales ; ce qui est conforme à l'esprit d'égalité.

Et, pour se rapprocher davantage de cet esprit d'égalité, voyez ce qu'a fait le législateur dans l'organisation des conseils de prud'hommes, que nous appellerons, si vous le permettez, la justice du prolétaire.

Là, en effet, le débat ne peut naître qu'entre patrons et ouvriers; or, l'article 2 de la loi du 27 mai 1848 a décidé, avec raison, que le nombre des prud'hommes ouvriers serait toujours égal à celui des prud'hommes patrons.

A la vérité, il n'en a pas toujours été ainsi ; mais tout doucement nous progressons, et nous arriverons sans doute à l'égalité effective devant la loi.

Eh bien! la justice des tribunaux consulaires équivaut, par exemple, dans l'ordre judiciaire, à l'institution des conseils d'arrondissement dans l'ordre civil. Par analogie, les conseils municipaux doivent correspondre, dans l'ordre administratif, à la justice des conseils de prud'hommes.

Nous arrivons maintenant à une question des plus délicates. De quelle manière doit être fait le choix des candidats?

L'élection a lieu d'ordinaire par scrutin de liste ; à ce compte-là, nous aurions donc chacun trente-six conseillers à nommer; mais, aux termes de l'art. 7 de la loi du 5 mai, le préfet peut prendre, en conseil de préfecture, un arrêté qui divise la commune en plusieurs sections électorales. Cela avait lieu autrefois à Saint-Etienne; cependant, depuis 1848, on a toujours voté par scrutin de liste. En sera-t-il de même cette année? nous le saurons bientôt.

Toujours est-il qu'en principe, la désignation des candidatures doit être aussi sincère, dès lors aussi étendue, aussi complète que possible; en conséquence, je n'admettrai qu'à la dernière extrémité qu'un comité de vingt membres, si parfait qu'il soit, ait assez d'autorité pour imposer trente-six candidats à vingt mille électeurs, pas plus que je n'admettrais, si cela devait avoir lieu, qu'une liste émanant du cabinet de M. le préfet pût être acceptée sans être discutée.

Voici quel est mon système :

La ville est divisée en quatre cantons; subdivisez proportionnellement chaque canton en trois sections, et vous aurez douze sections électorales. Que chaque section électorale désigne trois membres choisis dans son périmètre, et vous aurez trente-six conseillers, qui représenteront ainsi tous les électeurs d'abord, et toutes les parties de la commune. La chose est des plus simples.

Est-ce que, par hasard, agir ainsi serait faire fausse route, et s'exposerait-on à se butter contre le procès des *Treize?* Je ne le pense pas; examinons toutefois.

Si chacune des douze sections que j'indique devait ne désigner qu'un seul candidat, ne représentant qu'un seul mandat, peut-être aurais-je tort aux yeux de la loi ; car, chaque section convergeant vers le même but et chaque comité se composant de vingt membres, ce serait, avec la jurisprudence actuelle, un véritable comité de deux cent quarante membres; mais, dans mon hypothèse, il n'en est pas ainsi : chaque comité désigne trois membres, qui n'ont pour le moment, avec leurs futurs collègues, d'autre corrélation que de constituer trente-six individualités différentes.

Je ne sais si je m'explique clairement; toujours est-il que je vais essayer de retourner la proposition en posant à M. le préfet la question suivante, non certes pour l'embarrasser, mais pour m'éclairer : « Je suppose qu'usant du bénéfice de l'art. 7, vous divisiez vous-même effectivement la ville en douze sections électorales, toléreriez-vous dans ce cas douze comités de vingt membres? »

J'espère que la logique empêcherait de dire : non.

Eh bien! si la subdivision ainsi faite par vous, si les réunions fractionnées qui deviennent la conséquence de cette mesure ne constituent pas un délit, qu'on nous dise ce que doivent en conclure ceux qui, à leur tour, veulent employer ce système momentanément, et seulement pour préparer l'élection.

Dans tous les cas, nous avons pour nous la déclaration de M. de Vuitry à la Chambre, quand il a admis, sur une interpellation de M. Ollivier, le droit par les comités d'une même circonscription de correspondre et de se concerter, sans commettre le délit d'association illicite.

Résumé. — Si l'on ne peut pas raisonnablement contester aux électeurs le droit de délibérer, et si la division n'est pas contraire à l'esprit de la loi, plus on en usera, plus les élections seront empreintes de sincérité; si cette division doit appeler une répression quelconque, rentrons alors dans le système rétréci du comité unique. Advienne que pourra!

VI

Nous voilà donc en présence d'un scrutin qui va sanctionner l'état de choses actuel, c'est-à-dire maintenir en quelque sorte le pouvoir administratif local entre les mains qui l'exercent depuis dix ans, sous la forme anguleuse que l'on sait ; ou bien, nous ramener enfin aux traditions regrettées d'une liberté municipale que nous avions toujours comprise d'une manière différente.

Je ne ferai pas ici de retour ou d'appel au passé. Je préfère être de mon époque, et vivre en bonne intelligence avec elle ; mais je craindrais d'être incomplet, si je ne signalais, à cette occasion, des noms qui appartiennent dès à présent à l'histoire de notre pays, parce que ceux qui les ont portés ou qui les portent encore, l'ont honoré par leur science économique, leur exquise urbanité, leur popularité vraie et leur esprit d'organisation.

Eh bien ! en ces temps où les pouvoirs communaux ne dédaignaient pas de descendre dans l'arène pour discuter des opinions que souvent ils ne partageaient pas, il ne sera pas déplacé de rappeler que Saint-Etienne a dû l'excellente organisation de ses finances à M. Peyret-Lallier, l'esprit de conciliation à M. Jovin-Deshayes, la popularité de l'autorité à M. Hippolyte Royet, l'apaisement des discordes civiles à M. Antide Martin, et la réorganisation administrative à M. Heurtier. Aussi leurs compatriotes ne leur marchanderont pas une reconnaissance méritée de leur passage au pouvoir (1).

Pourquoi cela ?

---

(1) Une publication intitulée : *la Vérité sur les Personnages marquants de Saint-Etienne*, est destinée à paraître. Cette publication contiendra à peu près la phase historique de notre ville depuis 60 ans, et dira peut-être le dernier mot sur les hommes qui ont été utiles ou contraires à la marche progressive du pays.

Parce que ces notables individualités, tout en se maintenant à la hauteur de leur fortune politique, ont accepté d'être éclairées, discutées et jugées.

Et pourtant, je le disais en commençant, nous vivons encore sous les mêmes lois administratives de ces différentes époques, sauf les seules modifications résultant des art. 2, 13 et 50 de la loi du 5 mai 1855!

L'instant est venu d'utiliser notre droit électoral, en le faisant tourner à l'honneur des institutions qui nous régissent, et de notre manière de les comprendre. Or, si ce droit a été exercé timidement jusqu'à ce jour, ce n'est pas une raison pour le refouler à jamais; car, en matière de suffrage universel, il n'est pas plus de médiocre concours qu'il n'est de petite victoire.

On chuchote, il est vrai, de partis discordants, et l'on s'efforce de diviser ceux qui veulent parvenir au même résultat, bien que marchant sous un oriflamme dont la nuance ne varie, en l'état, que très-imperceptiblement.

C'est supposer le peuple bien ignorant, ou bien ennemi de ses intérêts, que de tracer une ligne de démarcation entre les indépendants libéraux et les indépendants démocrates. Pour moi, quand il s'agit d'élections locales, de franchises locales, d'intérêts locaux, je ne sais pas distinguer entre le libéralisme et la démocratie. Au surplus, démocrates et libéraux sont d'accord d'admettre toute opinion qui marchera avec le progrès.

Je n'ai encore trouvé personne pour contester cette vérité : qu'il faut avant tout faire des élections raisonnables, si l'on veut faire un pas en avant. Je vais plus loin, je soutiens que l'unique moyen de faire pont d'or à nos adversaires, si nous en avions, serait de nous diviser à cet instant solennel; et s'il existait un contradicteur, je demanderais à cet absolutiste une réponse à ce dilemme : ou bien le parti démocratique fera liste à part, dans laquelle se donneront rendez-vous les nuances les plus avancées; dans ce cas, je l'engage à lire l'art. 13 de la loi (1), et je lui de-

(1) Art. 13. — Les conseils municipaux peuvent être suspendus par le préfet : la dissolution ne peut être prononcée que par l'Empereur.

La suspension prononcée par le préfet sera de deux mois, et pourra être prolongée par le ministre de l'intérieur jusqu'à une année ; à l'expiration de ce délai, si la dissolution n'a pas été prononcée par un décret, le conseil municipal reprend ses fonctions.

En cas de suspension, le préfet nomme immédiatement une commission pour remplir les fonctions du conseil municipal dont la suspension a été prononcée.

En cas de dissolution, la commission est nommée, soit par l'Empereur.

mande au profit de quelle liberté ou de quel intérêt, il entend faire l'élection? ou bien, le parti démocratique s'inspirera de l'esprit public, autrement dit, de tous les degrés d'un libéralisme qui fait aujourd'hui une loi de l'action commune; dans ce cas, je lui demande encore pour quel motif il se refuserait à marcher d'accord avec les autres fractions libérales?

A vrai dire, l'histoire et l'expérience nous ont enseigné que les partis qui se passionnent pour la liberté ne supportent pas qu'aucun d'eux domine les autres.

Nous savons bien encore que lorsque Athènes, après d'éminents services rendus à la Grèce entière, se fût élevée au premier rang, tous les peuples, pour humilier sa puissance, se rangèrent du côté de Sparte.

Mais nous savons aussi que les Spartiates d'aujourd'hui, de même que les Athéniens de tous les temps, ont besoin avant tout de progrès matériel, de bien-être, d'enseignements utiles, de libertés prudentes et surtout de confiance.

Comme nous aspirons tous à ce but très-simple, nous devons, dès lors, nous retrouver tous sur le terrain de l'union libérale démocratique.

En somme, le pays souffrirait de nos divisions, la démocratie n'y gagnerait rien, et le parti libéral y perdrait tout. C'est prouver surabondamment que la liste qui en profiterait ne serait pas la nôtre.

Quelle est maintenant la force de ce parti, homogène dans ses vues et que l'on appelle généralement le parti radical?

Les chiffres ci-après vont faire connaître la proportion existante entre ce que l'on a appelé jusqu'à ce jour les voix officielles et les voix de l'opposition. Nous ne prenons ces chiffres que depuis 1857; c'est, je crois, la première élection qui a eu lieu depuis l'annexion des communes, annexion qui a porté à 20,000 environ le nombre des électeurs inscrits pour les quatre cantons actuels, et dont il faut défalquer pour le moment les électeurs de Rochetaillée et de Saint-Jean Bonnefonds, ainsi que les votes qui avaient été fournis par ces deux communes.

---

soit par le préfet, suivant la distinction établie au paragraphe 1er de l'article.

Le nombre des membres de cette commission ne peut être inférieur à la moitié de celui des conseillers municipaux.

ELECTIONS AU CORPS LEGISLATIF
Des 21 et 22 juin 1857.

CANDIDATS OFFICIELS :		CANDIDATURES OPPOSANTES :	
MM. Balay, oncle,	1,539	MM. Pelletan,	4,866
De Charpin,	4,262	Sain,	4,011

ELECTIONS MUNICIPALES
Des 18 et 19 août 1860.

Moyenne,	3,954	Moyenne,	250

ELECTIONS AU CORPS LEGISLATIF
En 1863.

(CHIFFRES APPROXIMATIFS) :		(CHIFFRES APPROXIMATIFS) :	
MM. F. Balay,	650	MM. Fourneyron,	4,200
De Charpin,	700	Dorian,	4,500

ELECTIONS AU CONSEIL GENERAL
Des 25 et 26 juin 1864.

Epitalon,	433	Philipp-Thiollière,	850
De Bouchaud,	800	Fourneyron,	1,200
Total,	12,338	Total,	19,877

Il résulte du présent calcul :

1° Qu'en prenant l'*ensemble* des quatre dernières élections politiques ou locales, l'opposition a obtenu 7,919 voix de plus que le parti officiel, c'est-à-dire plus du tiers ;

2° Que dans l'*élection municipale* de 1860, qui a donné la presque intégralité des votes au conseil actuel, il n'y a pas eu d'opposition proprement dite, puisqu'il est constaté que M. Faure a obtenu 4,605 voix, et que, sans les billets nuls, il aurait réuni l'*unanimité des suffrages exprimés* ;

3° Que, par contre, lorsque l'*opposition* a fait acte de présence, comme dans les trois autres élections, elle a réuni 19,627 suffrages contre 8,404 ;

4° Enfin que, en prenant les votes calculés sur les quatre élections ci-dessus, le *parti officiel* est arrivé à une moyenne de 3,089 voix sur 16 ou 18,000 électeurs inscrits.

En présence de ces chiffres, la victoire ne saurait être douteuse ; mais ce n'est pas un résultat matériel qu'il s'agit seulement d'obtenir, il faut encore et notamment une victoire morale, et c'est l'union qui la consacrera.

Oui, la plus haute manifestation de cette puissance morale, c'est l'union. L'union fait appel à tous les dévouements ; elle est le sanctuaire aux pieds duquel viendront s'immoler les petits amours-propres non satisfaits, et je dirai même les plus légitimes ambitions.

Aussi, ne voyez-vous pas déjà grossir partout la phalange sainte de l'unité progressiste ? C'est que l'idée radicale dont elle procède est comme le flux de la marée nouvelle : elle monte sans cesse.

Et que signifient, j'y reviens en terminant, les luttes d'influence, alors qu'il faut viser le même but ? Et, puisque nous pouvons avoir en présence les forces actives de certains intolérants qui ne manqueront pas d'exclure en masse tous ceux qui ne sont pas des leurs, qu'importe aux dissidents, solidaires à leur tour, d'emprunter au besoin toutes les nuances de l'arc en-ciel ?

Soyez persuadés que le seul moyen efficace de redresser avec utilité un état de choses qui a fait son temps, le voilà.

Peut-être quelques esprits pessimistes feront-ils semblant de croire à la coalition des partis, ce fantôme évoqué dans les grands jours ; mais d'abord il me semble avoir démontré que les partis n'existent pas en présence d'intérêts communs avec la cité entière ; et puis l'accusation porterait à faux, parce que la coalition appelle la violence, nous n'invoquons que le droit ; la coalition travaille dans l'ombre, nous nous affirmons au grand jour ; la coalition s'adresse aux partis politiques, nos intérêts sont spéciaux avant tout, la coalition renverse, nous voulons édifier.

Allons, c'est à l'œuvre, et non sur la brèche, que nous devons nous rencontrer, et nos efforts réunis seront le gage d'un résultat d'autant plus assuré, d'autant plus profitable, que nous n'aurons qu'un seul mot d'ordre : *Pro urbe et patria.*

C. TERME.

Paris, 5 juillet 1865.

Paris, imp Kugelmann, 13, rue Grange-Batelière.

www.ingramcontent.com/pod-product-compliance
Lightning Source LLC
LaVergne TN
LVHW021648170726
843501LV00007B/2464
9782329652085